Weihnachtsgrüße

Die hier gesammelten kleinen Texte, größtenteils geschrieben für die   private Weihnachtspost der Autorin an   Verwandte, an Freundinnen und Freunde, wollen   die Lesenden dazu einladen, innezuhalten und den eigenen Erfahrungen und Gedanken rund um Weihnachten Raum zu geben – alle Jahre wieder und gerade darum immer wieder aufs Neue.

Beate Hannen,
geboren 1963 in Kirchen/Sieg, dort aufgewachsen. Abitur am Freiherr-vom-Stein-Gymnasium Betzdorf-Kirchen. Studium der Germanistik und der katholischen Theologie für das Lehramt in Siegen. Referendariat in Fulda. Schuldienst am Nikolaus-von-Kues-Gymnasium Bernkastel-Kues. Verheiratet, zwei Kinder. Oberstudienrätin i.R.

Beate Hannen

Weihnachtsgrüße

Gedichte und Gedanken
zum Fest der Geburt des
Jesus von Nazareth

Bibliographische Information der Deutschen
Nationalbibliothek:
Die Deutsche Nationalbibliothek verzeichnet diese
Publikation in der Deutschen Nationalbibliographie:
detaillierte bibliographische Daten sind im Internet über
http://dnb.dnb.de abrufbar.

Herstellung und Verlag:
BoD – Books on Demand, Norderstedt
ISBN: 9783754339862

Advent

Angespannte Gesichtszüge
unerwartet gelöst
bei einem Weihnachtslied

Töne warm und leicht
als ob durch die Gedanken
ein Engel streicht

zu erinnern was wichtig

Dezembertage

Juchzend winken die Kinder mir zu von
dem sich drehenden Karussell auf dem
Bernkasteler Weihnachtsmarkt.
Meine Gedanken drehen sich
um Hausbauvorhaben statt
Herbergssuche...

*Auf der Heimfahrt zählt
die Vierjährige die Lichterdekorationen,
der Zweijährige die Weihnachtsmann-
Attrappen.
Ich zähle Termine und Tage
bis Jahresschluss,
werde ruhig bei Lukas 2,
still wie die Kinder
beim Anblick der Krippe.*

Herbergswechsel

Herbergswechsel im Advent
Weihnachten zwischen Umzugskartons
gemütlicher
könnte es schon sein

Aber
geborgener
friedlicher
weihnachtlicher
als so viele
dürfen wir es doch feiern
Weihnachten

Wunschzettel

einen Baum
viele Kerzen
genug Gebäck
etwas Schnee
eine Mette
und
die Welt verändern können!
Wenigstens im Kleinen
vielleicht in mir

Im Pfarrbrief

Anfang Dezember fällt mir im Pfarrbrief ein Spruch zum Advent auf und prägt sich sofort ein: „Wenn es hell werden soll, bist DU als Licht gefragt."

Welch ein Anspruch – aber auch welch ein Zuspruch ist zu entdecken in diesen Worten! Ich soll Licht sein für andere? Kann ich das denn? Kann ich Licht sein für andere? Sorgenvolles Dunkel und dunkle Situationen, in denen ein wenig Licht sicherlich gut täte, gibt es wahrhaftig genug im Bekanntenkreis.

Wenn wir uns von diesem Spruch doch einfach ermutigen lassen könnten zu einem menschlicheren, freundlich zugewandten Miteinander. Es könnte heller werden für manchen Mitmenschen, geradezu weihnachtlich...

Weihnachtskarten

Auf dem Papier glitzern
silberne und goldene Sterne
sie verzieren
die guten Wünsche
für frohes Fest und neues Jahr

Mir wird warm ums Herz
beim Schreiben der Karten und
beim Lesen der erhaltenen Post
Verbundenheit wird
mir geschenkt

Weihnachtsmomente

Heilige Nacht

Wie dunkel und still
muss es sein damit wir
sehen und hören
Licht und Botschaft

das Kind

die es finden
verbiegen sich nicht
sondern beugen die Knie

großer Gott
so klein

Weihnachtswort

Fürchtet euch nicht
frohe Kunde
von einem Kind
Rettung und Frieden

gute Nachricht
eines Anfangs
der weitergeht und
mitgehen kann

auf dem Weg
lasst euch begleiten
und ermutigen
vom Weihnachtswort

Botschaft

Gott ist da
           im Kind
Gott ist nah
           in der Liebe
Gott geht mit
           (halte ich Schritt?)
und Er hält Schritt

Gesegnete Weihnachten!

Heilige Nacht, Licht im Dunkel, Engel auf den Feldern, in der Krippe das Kind.
Vielleicht sind wir einfach nur müde, doch vielleicht kommen wir wirklich zur Ruhe, halten inne an der Krippe, begreifen kaum, aber fühlen uns beschenkt, werden froh. Halten inne vor dem Weitergehen, vor dem Aufbruch in das Leben nach dem Fest, in den Alltag, in die heute wie damals unweihnachtliche Welt, die den Segen der Weihnacht so nötig hat. Nehmen wir ihn mit?

Weihnachts-Segen

Gesegnete Weihnacht
heilige Nacht
wir kommen zur Ruhe
halten inne beim Kind
halten inne und
gehen weiter
weihnachtlich gesegnet

Weihnachtszeit

Vor Weihnachten:
mehr Termine als Tage
mehr hektisch als heilig
eher überfüllt als erfüllt

Weihnachten:
herunterkommen
zu sich kommen
Gott kann ankommen

Mensch-werdung
es ist an der Zeit

Weihnachtshektik

In diesem Jahr
fehlt das Gedicht,
denn zum Dichten
kam ich nicht!

Zeichen

Licht im Dunkel
Wärme in Kälte
Freundlichkeit im Alltagstrott

Kerzenflamme bei Stromausfall
Lächeln in Hektik

Zuhören statt weitergehen
Hinsehen statt wegschauen

Weihnachten feiern

Zeiten des Wartens

Manche Zeiten des Wartens verbrachte ich mit den Kindern in Wartezimmern. Ein Verdacht bestätigte sich nicht, auch sonst traf uns nichts wirklich Schlimmes, Gott sei Dank, nur die üblichen Infekte eigentlich, die allerdings heftig und ohne Unterlass. Erstaunlicherweise, wie zum Ausgleich, gab es adventliche Beschäftigungen: wir buken Plätzchen, lasen Geschichten, sangen Lieder, entzündeten die Kerzen am Adventskranz. Zur Kirche kamen wir abwechselnd. Schule und Termine gestalteten sich dezemberlich mit Dienstbesprechung, Kuchenständen für guten Zweck, Korrekturen. Insgesamt das Gefühl: so wenig Muße war nie. So wenig Zeit. Vieles blieb ungetan.
Trotzdem wird Weihnachten.

Familienzeit

An den Feiertagen
eine friedliche Idylle
um den Tisch herum
neben dem geschmückten Baum
mit Kerzenlicht
Eltern und Kinder still beglückt
betrachten Geschenke
probieren die Plätzchen
lauschen der Musik
spüren vielleicht gerade
in diesem Familienidyll
die Zusage
das Kind ist ein Versprechen
Gott mit uns

Stimmung

Kerzenlicht
Plätzchenduft
Musik von der CD

Herman van Veen singt
Ich steh an deiner Krippe hier
o Jesu du mein Leben

so schön
so klar
so schlicht

dass ich ganz dabei bin
und hinhöre
mit Kopf und Herz

Ob Weihnachten wird

Ob ich es höre
dies fröhliche Lied
das durch die Häuser
und Herzen zieht

Ob ich es sehe
das göttliche Kind
dessen Ankunft wir heute
versichert sind

Ob ich es rieche
die Luft ist erfüllt
von würzigem Duft
der Sehnsucht stillt

Ob ich es fühle
der Schatz dieser Zeit
sind Nähe und Achtung
Geborgenheit

Ob ich es schmecke
dies kostbare Leben
das der Welt wieder
aufs Neue gegeben

Blick nach vorn

Stern in der Nacht
Licht im Dunkel
Kind in der Krippe

Vertrauen im Zweifel
Mut in der Trauer
Hoffnung in der Angst

Kind in der Krippe
Erwachsener am Kreuz
Auferstandener bei uns

Situation der Pandemie

Weihnachten 2020
trotz räumlicher Entfernung
trotz Abstand
feiern wir das gleiche Fest

jede und jeder für sich
stiller als sonst
doch wissen wir uns
miteinander verbunden

und genau dies
lässt Weihnachten
werden

Weihnachtslicht

In der Mitte der Nacht
am Ende des Tunnels
ein Licht

ein Hoffnungsschimmer
der uns die Richtung weist
und uns weitergehen lässt
Schritt für Schritt

trotz Ungewissheit
trotz Unsicherheit
nicht mutlos sondern
hoffnungsvoll denn

Gott kam zur Welt
im Kind der Maria

Notiz nach dem Fest,
Fulda 1989:

Der Weihnachtsmarkt
in der Fußgängerzone
ist verschwunden:
die Buden, das Karussell,
die Lichter, die Musik...

Geblieben sind die Zirkusleute,
die mit ihren Tieren
und rappelnden Dosen
Geld für Futter sammeln.
Geblieben sind die Kaufenden,
die an ihnen vorbeihasten.
Bleibend die Sehnsucht
nach Weihnachten.

Von Beate Hannen
außerdem im Buchhandel erhältlich:

Zwischen gestern und morgen. Gedichte,
ISBN 9783749407262

Von Tag zu Tag. Gedichte,
ISBN 9783750459830

Wie bei uns. Erfundene und erlebte
Geschichten, ISBN 9783752684001

Momente eines Jahres. Gedichte,
März 2020 bis Februar 2021,
ISBN9783752673814